Falck – 36 år På godt og På ondt

Management by fear.

AF514222

Smudstitel

Bogen er skrevet med baggrund i de oplevelser, jeg som redder har haft på 36 år som ansat hos Falck.
Oplevelser som formentlig er årsag til jeg har fået PTSD, med ofte ret voldsomme symptomer og total udbrændthed.

Det er hård kost at være ansat i redningstjenester, og jeg har flere gode tips til, hvordan den lidt kedelige situation jeg er havnet i kan forebygges.

Der bør være professionel hjælp i form af psykoterapeuter, psykologer og psykiatere tilknyttet arbejdspladsen.

Pensionsalderen bør ikke være den samme som for mange andre job. 25 til 30 år som fuldtidsansat i en redningstjeneste, bør være grænsen for pension.

Oplevelserne i bogen er for en redders forekommende ganske almindelige dagligdags oplevelser.

Enkelte af de beskrevne oplevelser er bestemt ikke er dagligdags, og kun oplevelser der sjældent forekommer.

Ofte er oplevelserne ikke beskrevet fuldt ud, eller helt til bunds.
Dette med baggrund i almindelig pli samt, at det er vigtigt tavshedspligten overholdes.

Oplevelserne i sig selv kan være hårde.

Dårlig ledelse forstærker den grad hvorpå de påvirker og skader.

Mange af oplevelserne kan isoleret set, udløse PTSD. Manglende anerkendelse, for udført arbejde og dårligt arbejdsmiljø forstærker sandsynligheden for PTSD udløses.

Bliver beslutninger og handlinger, der er udført i en redningsindsats, bebrejdet øger det belastningen og sandsynligheden for PTSD.

Ledelsesansvaret kan relateres til enkelt lederes manglende forståelse for, og ansvar i daglig ledelse.

Ledelsesansvaret kan også relateres til det dårlige arbejdsmiljø der generelt er på arbejdspladsen, ikke mindst i forbindelse med uddannelse.

Der er samlet set tale om et dårligt arbejdsmiljø.

Et arbejdsmiljø som det fra den øverste ledelse flere gange er forsøgt ændret, men ændringerne er aldrig slået igennem.

Pernille Andrés Blidsøe lavede 2 psykolograpporter om reddernes arbejdsmiljø for snart 20 år siden.

Rapporterne taler deres tydelige sprog, der er meget der er forsøgt ændret, men ændringerne er aldrig slået igennem.

Uddannelsessystemerne er baseret på frygt for ikke at bestå eksamen, snarere end det er baseret på læring.

Når uddannelsessystemet sammenholdes med en PTSD der kommer snigende ind ad bagdøren, og angriber hukommelses og indlæring, så ender det galt.

Igennem mine 36 år hos Falck, har jeg kunne se nøjagtig det sammen mønster hos mange af mine kollegaer.

Nogle nåede pensionsalderen, andre gik selv eller blev hjulpet ud, inden det gik helt galt. Det er en syg kultur.

QR kode fra EU parlamentets udtalelse vedr. pensionsalder.

https://www.europarl.europa.eu/doceo/document/E-5-1999-1684_DA.html?redirect

QR kode til en Pixiudgave lavet af psykolog Pernille Andrés

https://www.psykologpernille.dk/wp-content/uploads/2016/03/reddernes-oplevelser-i-ambulancetjenesten.pdf

FALCK

36 ÅR PÅ GODT OG PÅ ONDT.

Management by fear.

Steen Frandsen, Født i 1961

Realeksamen 1978, Merkonom 1985

Redder fra 1988, Selvstændig fra 2021

Fraskilt og har 5 børn født fra 1996 til 2004, med samme ex.

Version 03.2025

Redaktion: Steen Frandsen

Korrekturlæsning: Steen Frandsen

Forlag: BoD · Books on Demand, Strandvejen 100,

2900 Hellerup, bod@bod.dk

Tryk: Libri Plureos GmbH, Friedensallee 273,

22763 Hamborg, Tyskland

ISBN: 978-87-7145-803-9

Indholdsfortegnelse

1. Ansøgning, ansættelse og grundkurser.

I 1988 søgte jeg ind hos Falck.
Dengang var ikke så meget med optagelsesprøver, test osv., som der er idag.

En god ven af mig havde foreslået mig at søge ind.

Jeg havde skrevet en ansøgning, og var efterfølgende til en samtale med stationsleder, Kurt Andersen på Falck Stationen i Brøndby Strand.
Kurt Andersen var en super sympatisk mand i 50érne. Han tog pænt imod mig, og skabte trygge omstændigheder og rammer, for en afslappet ansættelsessamtale.

D 01. juli 1988 startede min ansættelse på stationen i Taastrup.

Kort efter ansættelsen fulgte der grundkurser af forskellig art.
Kurserne skulle sætte os i stand til at udføre almindelig dagligdags forekomne opgaver.

Senere fulgte der lidt dybere kurser i kran og redningsopgaver, samt i ambulance og brand.
Efter jeg blev arbejdsmiljørepræsentant fulgte mange andre forskellige kurser.

Kurserne i erhvervsdykning og redningsdykning fik jeg i 2008.
Det var utrolig spændende, lærerige og grænseoverskridende kursus.

2. Kranuddannelser

Kranuddannelsen var inddelt i dels et grundkursus, og dels efterfulgtes af 3 separate kurser a' 2 ugers varighed

Vi lærte i starten alt fra banale døroplukninger og hjulskift, til lidt mere avanceret fejlfinding i de elektriske systemer.

På de sidste kurser lærte vi en del om bjærgning, og anden lidt mere krævende opgaver som redning af nødstedte dyr o.l..

Bjærgning og bugsering af køretøjer, kunne være alle former for køretøjer, med overvejende vægt på lastbiler, entreprenørmaskiner og landbrugsmaskiner.
Super spændende kursus og lærerige opgaver, hvor vi kunne komme op på at trække med 60 tons.

Nødstedte dyr handlede primært om køer, som efter kælving ofte har det med ikke at ville rejse sig.
Teori i den forbindelse er, at koen nok ikke er det klogeste dyr, men alligevel ikke er dum, og når koen fornemmer der er en risiko for, at den med sine glatte hove, på det fedtede gulv vil glide. Koen vælger derfor at lægge sig ned.

Det kan sammenlignes med mennesket der går med adspredte ben for ikke at falde, både som børn, unge og ældre, og ikke mindst når det er glat.

Koen blev med håndkraft trukket op på en kobåre, og kørt hen et sted med dybstrøelse. Når der var blødt og sikkert underlag, kunne koen få følelsen tilbage i sine ben, og derfor rejste koen sig op igen.

3. Ambulanceuddannelser

I 1988 så tingene en del anderledes ud end de gør i dag, og udviklingen i ambulancetjenesten har været meget spændende, nyttig og omfattende.
I 1988 havde vi ikke ret meget behandlingsudstyr i ambulancerne, og det handlede alene om at få patienterne transporteret til hospitalet på nemmeste, hurtigste og mest skånsomme måde.

I dag fungerer det sådan at patienterne vurderes. Har patienten behov for medicin osv..

Det er uddannelsesniveau af redderen, og patientens behov for medicin, der afgør, hvilken og hvor meget, medicin der er behov for og der skal gives.

Er der tvivl kan patienten eller situationen konfereres med en læge på vagtcentralen.

Da jeg startede i 1988 var ambulanceuddannelserne inddelt i ambulance 1 og ambulance 2. Begge kurser havde varighed a 2 uger pr. kursus.

For at køre med på ambulancerne skulle man have bestået ambulance 1.

Senere kom der en del forskellig efteruddannelse, som kort kan beskrives med en Niveau 1 uddannelse, en Niveau 2 uddannelse, og endelig en Niveau 3 uddannelse som paramediciner.

4. Branduddannelser

En del af grunduddannelserne handlede om brandslukning, helt præcist var det et kursus på en uge, der skulle til for at være klar til at køre med på brandslukning.

Senere kom man på et 3 ugers kursus, som hed Statens Brandskole, for mit vedkommende var kurset i Århus.

Uddannelsen i Århus var fantastisk, og den var i et læringsmiljø, der var noget anderledes end det der eksisterede i Falck.

5. Erhvervsdykker og redningsdykker.

Uddannelsen som Erhvervsdykker var klart det mest lærerige kursus jeg har været på.

Et kursus hvor de personlige grænser i den grad blev overskredet og flyttet.

Kurset som erhvervsdykker havde en varighed af 6 uger, med start på flådestationen i Frederikshavn.

5 dage med både teori og praktik i et 25 meter langt bassin med 4 meter dybde i hele bassinet.

40 dyk på 5 dage, hvor de personlige grænser konstant bliver prøvet og presset.

El lille illustration kan være, at der som introduktion til kurset var tilsendt information om kurset.

Der stod at det forventes man kunne binde 5 knob og stik inden opstart af kurset.
Der stod ikke noget om de skulle bindes på bunden af det 4 meter dybe bassin, med kun 1 vejrtrækning fra overfladen.

Erhvervsdykkeruddannelsen blev i starten varetaget af Søværnet, som selvsagt er dem med den højeste kompetence på området.

Senere overgik man til at bruge et AMU kursus, hvilket set med mine øjne er en katastrofe.

Uddannelsen til erhvervsdykker bør foregå i et sikkert, trygt og afprøvet miljø, hvor der ikke er overladt noget til tilfældighederne.

6. Starten som redder på Falck stationen i Taastrup i 1988

I starten af ansættelsen var man egentlig bare føl. Man kørte med som ekstra mand på de opgaver der nu var.

Spændende som bare fan… var det for en ung mand der var vant til at give sig i lag med lidt af hvert.

Kranopgaverne var det der var mest af det første stykke tid. Trods det at jeg var handelsuddannet, så var det mig ikke helt fjernt, at håndtere biler med startvanskeligheder, var punkteret, havde knækket deres udstødning osv., for jeg havde rodet og nørlet med mekanik siden jeg var ganske lille.

Jeg havde også arbejdet på forskellige tankstationer, hvor kunderne i 80'erne, ikke helt sjældent havde problemer med deres biler.

Senere skulle det vise sig, at der var alle mulige spændende opgaver, med både dyreredning, vandskader, brandslukning, ambulance osv..

7. Første dag med rustvognen.

Dagen startede som sædvanligt med morgenkaffe og mønstring i kantinen.
I dag handler det om rustvognen, også kaldet "Humørbussen".
Og hvorfor så det pudsige og måske endda lidt vulgære navn "Humørbussen" ? Jo det er såmænd fordi de opgaver der fulgte med arbejdet i det køretøj, afspejlede sig hos mandskabet der skulle køre med den.
Mandskabet gik oftest noget slukøret og brødbetynget, med foroverbøjet hoved og nakke, hen over gårdspladsen, ud til garagen, hvor rustvognen holdt, fordi de vidste at opgaven kunne være nem og uproblematisk. Men de vidste også at det kunne være nogle rigtig kedelige opgaver der ventede på at skulle løses.

I dag var vores første opgave i selve byen Taastrup, hvor der var fundet en afdød kvinde.
Vi er 3 mand på bilen, hvoraf jeg er den 3 mand der er overskydende og under oplæring.
Den afdøde kvinde havde været udsat for vold, i form af slag mod hovedet, formentlig med en tung lysestage af messing.

Opgaven med at forflytte den afdøde er ikke besværlig, men det er en opgave lidt udover det sædvanlige.

Ved ankomst til Retsmedicinsk institut møder vi portørerne, som spørger hvorfor vi er 3 mand i dag.
Mine kollegaer fortæller at, jeg er under oplæring.
Portørerne spørger om vi ville se en nu afdød der var blevet

myrdet og ankommet Retsmedicinsk institut i nat.
Portørerne viser os den knivstukkede og afdøde mand.
Manden havde fået tildelt 20-50 knivstik på overkroppen, uden den store effekt i form af tab af liv, for det lille korte blad der er på en schweizerkniv, var ikke langt nok til at nå de vitale organer.
Der skulle angiveligt være tale om et opgør 2 bekendte imellem, og da den nu afdøde ikke umiddelbart døde af sine læsioner, besluttede morderen sig for slutteligt for, at skære halsen over på den nu afdøde.
Man kan vist godt sige at der var en forskel på, at være ekspedient i en radioforretning og på, at være ansat som Falckmand og køre rustvogn.

8. Færdselsuheld i villakvarter i Taastrup.

Jeg har været ansat i 2-3 mdr- da der en aften kommer et udkald om et færdselsuheld med 2 biler impliceret. Der er melding om flere fastklemte.

På adressen i Taastrup, som var en villavej, burde der ikke være hurtig færdsel.
Men selvfølgelig er det sådan, at under datidens forhold og normer for sikkerhed, kunne et færdselsuheld godt være voldsomt alligevel.

I 1988 var bilerne ikke lige så sikre at transporteres i.
Der var ikke den samme fokus på kollisionszoner, airbags, selestrammere osv..

Ganske rigtig... ved vores ankomst kunne vi konstatere, at der er 2 biler som er stødt frontalt sammen. Der er 4 tilskadekomne, hvoraf de 3 er fastklemt i en Morris Mascot.

Flere køretøjer var blevet sendt til adressen for skadestedet, og jeg er med i det vi kaldte "Dobbeltdækkeren".
Dobbeltdækkeren var en relativ hurtig Ford Transit ambulance, med 2 bårepladser, deraf navnet Dobbeltdækkeren.
Ambulancen havde en 3.0 liter benzin motor, men styre og bremseegenskaber var de store kræfter en så stor motor gav, var ambulancen slet ikke konstrueret til. Man kan lidt sammenligne det at være chauffør på ambulancen, med at sejle en båd.

Der var som skrevet 3 fastklemte, og efter deres frigørelse, består resten af turen egentlig bare i, at få de tilskadekomne transporteret til skadestuen på Glostrup Hospital.
I 1988 havde man ikke ret mange behandlingsmuligheder, vi havde ilt, plaster og forskellige former for bandager til f.eks. brækkede ben og hovedtraumer, så fokus i opgaven var rettet mod hurtig transport.

9. Færdselsuheld - unge mennesker kørt op bag i holdende lastbil.

Igen er der tale om en aften sådan ved 22 tiden. Vi sidder i den tobaksrøgs fyldte kantinen på Falck stationen i Taastrup, og fortæller "Løgnhistorier" og dårlige vittigheder. Drikker kaffe og morer os.

Der er en lille købmand "Tutten", hvor der kan købes toast, pølser, slik, tobak og diverse fornødenheder.
Faktisk var det sådan, at der var en automat man kunne trække drikkevare i, ja sågar kunne der købes en almindelige øl fra Albini...
I 1988 sad man også gerne og røg tobak i ambulancerne... ja ja ja... rolig nu, ikke i bårerummet, kun i førerkabinen...
Chaufføren kunne også godt tage sig en enkelt cigaret på vej til hospitalet, bare han lukkede den lille luge der forbandt førerrummet og bårerummet.

Pludselig lyder meldingen i højttaleren i kantinen – KØRSEL 1 til færdselsuheld på Holbækmotorvejen indadgående tilkørsel fra Taastrup/Ikea.

Det var en lidt underlig måde at arbejde på, for oftest fik man stort set ingen melding, eller også var meldingen meget mangelfuld eller upålidelig.

Der var ingen mobiltelefoner, så meldingerne fra motorvejene foregik via alarmstandere, der var opsat med kilometers mellemrum... Dengang var der ingen mobiltelefoner.

Til gengæld kunne alarmcentralen se hvilken nødstander alarmen kom fra, altså var der ikke de store udfordringer i, hvor på det relativt store motorvejsnet, indringeren befandt sig.

Ved ankomst til skadestedet var der ragnarok… Bilen var med fuld fart, vel omkring 100-130 km/t., kørt op bag i en holdende blokvogn, der transporterede en meget tung transformer.
Der var ingen bremsespor fra bilen, og sættevognen holdt på præcis samme sted som før påkørslen, den havde ikke flyttet sig en centimeter.

Igen havde vi ikke de store behandlingsmuligheder, ud over ilt, og bandagering…

De stakkels unge mennesker sad alle fastklemt i det der tidligere havde været en bil.
Eneste sted man kunne se hvilken bil det havde været, ar på en hjulkapsel – der kunne man se tegnet fra en Mazda.

10. Roskilde banegård togulykke, samt personpåkørsler.

Det er tidlig morgen, klokken er omkring 0620, da vi med ambulancen bliver kaldt til Roskilde Banegård, hvor der skal være sket en togulykke.

Roskilde er ikke med i Taastrups distrikt, men klart bliver vi tilkaldt, fordi alt disponibelt mandskab skal frem til skadestedet.

At se en banegård, med væltet tog, køreledninger, master og hvad ved jeg. Synet minder lidt om da jeg var barn, og sad med mit elektriske tog, hvor toget var røget af skinnerne... Her var det bare meget, meget større... Synet var fuldstændig surrealistisk...
Heldigvis var der kun 1 tilskadekommen. Det var lokomotivføreren, som var afgået ved døden.

Senere i karrieren kom jeg adskillige gange ud til personpåkørsler, særlig en husker jeg tydeligt.
Stedet var en togstation, hvor et fjern eller regionaltog havde påkørt et menneske der tydeligvis ønskede at tage sit eget liv.
Forskellen på en påkørsel med et almindelig S-tog og et af de større og hurtigere tog, er selvsagt at liget på grund af den højere hastighed, ligger spredt over et langt større område. Denne påkørsel var som sagt på en banegård. På parkeringspladsen holdt der en bil som tilhørte den nu afdøde. Bilens lys var tændt - Politiet fortalte at der på forsædet havde ligget et afskedsbrev.

Man kan godt tænke, at det er utrolig egoistisk at tage sig selv af dage på den måde, for der er mange gidsler i ulykken... gidslerne er i det her tilfælde togføreren og passagererne i toget.
Prøver man at forestille sig, hvilke tanker et menneske gør sig inden så drastisk en handling, så får det hele pludselig en helt anden dimension.

11. Vold og slagsmål Vejlegårdsparken / pistol.

Igen en tur lidt uden for vores distrikt...
Først i 90'erne var det stadig sådan at turene vi kørte, fortrinsvist lå i Taastrup, Fløng, Hedehusene og Ishøj. Men vi kunne altså også sagtens køre uden for vores primære distrikt.

Vi ankommer til en lejlighed i Vejlegårdsparken og meldingen er husspektakler...
Jeg må medgive, at ja der havde med garanti været en del larm og spektakler fra lejligheden.
Det meste af møblementet lå smadret og spredt rundt i lejligheden. Der var tydelige tegn på, der havde været et vældigt tumult.

Igen - var meget af vores arbejde noget vi udførte på egen hånd... Politiet var ikke nødvendigvis med fremme på skadestedet...
Der blev IKKE givet ordre om, at vi skal afvente yderligere på behørig afstand af skadestedet.

I det her tilfælde måtte vi konstatere, at vi også denne gang var første hold på skadestedet.

Vi talte med de implicerede, som kun talte et meget dårligt danske, da de var indvandrere.
Et var sikkert og det var at jeg kunne se, at der på en reol fjernest i lokalet, lå en pistol, og det var jeg egentlig ikke særlig begejstret for...
Vi talte beroligende og forsøgte os med at dæmpe gemytterne... nedeskalere situationen.
Det lykkedes os at holde ro på situationen, til politiet ankom, og de kunne overtage ledelsen. De var uddannet i brug af pistoler, og i at håndtere som denne end vi var.

Egentlig kan jeg ikke huske om vi kom i arbejde... Om vi fik en patient med os til hospitalet i Glostrup.

12. Rockerborg havde været ransaget.

Rockerborgen i Snoldelev havde været ransaget, og det var nu min opgave, at transportere en total skinnende Harley Davidson med en ladvogn.
Harley Davidson'en skulle transporteres til Bilinspektionen på Korsdalsvej i Rødovre.

Men jeg havde aldrig, før kørt med en Harley Davidson, og da slet ikke en Harley der tilhørte en rocker.

At komme ind i en rockerborg var ikke noget der hørte til under de daglige opgaver.
Jeg var en smule utryg ved opgaven, særligt når der ikke var andre end nogle teknikere fra politiet og så mig selv.

Jeg plejer at sammenligne den følelse jeg havde med følelsen og fornemmelsen af det at komme ind i et fængsel eller ind på et bordel... Begge dele havde jeg allerede prøvet under min ansættelse hos Falck, eller også kom det senere i tjenesten.

Mine værste bekymringer gik i forhold til opgaven med at afhente, læsse og transportere den super skinnende Harley Davidson. Jeg risikerede ved et uheld, at komme til at skramme, bule eller ridse motorcyklen.

Jeg tror kun sjældent jeg har været så nervøs i en overvejet opgave som der.
Muligvis var det de samlede omstændigheder, der skabte den usikre og utrygge situation. Det at jeg havde tid til at tænke over, hvad det egentlig var der var gang i.

Det hele forløb stille og roligt, og uden buler, skrammer osv., og Harley'en blev afleveret på Korsdalsvej i Rødovre.

13. Stærkt afkølet ældre og dement dame.

En vintermorgen ved 4-5 tiden lød meldingen... Ældre dame, bevidstløs - fundet udendørs, hvor hun havde ligget et stykke tid.

Ankommet til adressen, som lå 8-10 minutters kørsel fra Falck stationen i Taastrup, finder vi en ældre kvinde der er stærkt nedkølet og bevidstløs.

Vi kuldeindpakker patienten efter givne forskrifter, indlader patienten i bårerummet på ambulancen, hvor varmen sættes højt.

Transporttiden er ca. 17-20 minutter og ankommet til Glostrup Hospital, konstaterer læge og sygeplejersker, at kvinden stærkt nedkølet, og trods forsøg på at varme patienten op, afgår hun ved døden.

14. Mindreårig dreng med greenstick.

I en børnehave er en dreng på 4-5 år faldet meget uheldigt og har brækket sin arm, med et greenstick brud.

Som navnet antyder minder bruddet om en grøn gren der er bøjet, men ikke brækket som man ser brud hos voksne.

Sådan et brud ser ret voldsomt ud, og vi var ikke undervist i håndtering af dette.

Vi transporterer i findestillingen, hvilket også er det rigtige.

Normalt skal større skader hos børn give anledning til bekymring.

I det her tilfælde er skaden sket i en børnehave og derfor forklarlig.

Var det i et privat hjem vi skulle afhente et barn med en brækket ekstremitet, så måtte vi altid gøre os overvejelser mht., sandsynlighed for skadens opståen, altså om der kunne være tale om vold.

15. Henter advokat med leverbetændelse.

Vi er sendt til en adresse, hvor meldingen lyder på, at patienten er meget konfus og ud af reagerende.

Ganske rigtig – på adressen mødes vi af en patient, der ikke ønsker vores tilstedeværelse.

Patienten har en tydelig gul hud, hvilket tyder på at der er tale om leverbetændelse, og at det er forklaringen til at patienten er sindsforvirret.

Patienten ønsker, som skrevet, ikke vores tilstedeværelse. Patientens bevægeapparat fejler tilsyneladende ikke noget, hvorfor vi egentlig bare følger pt. rundt i dennes hus.

På et tidspunkt fortæller patienten, at denne er advokat og ikke ønsker indbringelse til hospital, eller ønsker at komme under nogen form for lægelig behandling.

Den bold griber jeg. Jeg orienterer patienten om at denne er til fare for sig selv, og at vi ikke kan forlade adressen med uforrettet sag, og overlade patienten til sig selv...
Så enten ville der blive tale om, at vi sammen med patienten, gik stille og roligt ud til vores ambulance for at køre til Glostrup Hospital.
Eller også ville vi ved fortsat benægtelse af transport eller behandling, se os nødsaget til at orientere politiet, hvilket ville betyde en tvangsindlæggelse af patienten.

Patienten der jo var advokat kunne godt forstå, at det ville være se mindre pænt ud i de offentlige papirer, at denne havde været tvangsindlagt.

Slutteligt fulgtes vi ad til ambulancen, og foretog transporten til Glostrup hospital.

16. Kvinde fået skåret halsen over

Det er søndag eftermiddag, og i Brøndby har en tragisk hændelse ført til opgøret i en familie, imens vi på Falck stationen har set fodbold, lavet bil på værkstedet, fortalt løgn historier i kantinen eller hvad ved jeg.

Vi sad i kantinen og sludrede da en god kollega og jeg bliver kaldt ud til en kørsel med rustvognen.
Vi går sammen i garagen, sætter os ind i rustvognen og sætter kursen mod skadestedet i Brøndby Øster.

Ankommet til adressen tager vi som vi plejer, bestik af situationen, ved lige at gå ind for at se på opgaven.
Det drejer sig om en lejlighed i en etage ejendom, hvor en kvinde har fået skåret halsen over.

Det er sket under de mest ulykkelige omstændigheder.

Parret har skændtes i længere tid, og situationen imellem dem er optrappet. De har 3 børn, som har overværet optrapningen, men kun de 2 mindste er i hjemmet.

Den mindste er blot et par uger, og den mellemste er 2 år på gerningstidspunktet.

På gulvet er der så meget blod, at det svupper under skoene, når vi træder på tæppet.

Den dræbte bærer tydelig præg af vold... Der er voldsomme mærker efter slag i ansigtet og snitmærker på både hals og i ansigtet.
Som tidligere skrevet er afdøde endeligt tilføjet skaden at få halsen skåret over.

17. Henter halsstukket fange i Vridsløse statsfængsel.

Resultatet af et knivopgør var årsagen til vi fik endnu et tur til Vridsløselille Statsfængsel, bedre kendt som det fængsel, hvor Egon Olsen fra Olsen banden, plejede at sidde, og hvor man ser ham gå ud gennem porten, når han løslades.

Knivopgøret havde angiveligt sin baggrund i et narkoopgør imellem en tyrker og en jugoslav, der begge var indsatte fanger.

Det er altid uvirkeligt at komme ind i fængsler, rockerborge, bordeller, eller andre steder man som almindelig civilist ikke kommer.

Vi bliver guidet frem til gerningsstedet, hvor den ene af de 2 fra knivopgøret, ligger i en blodpøl af større dimensioner. Lidt uvirkeligt at blod kan fylde så meget, når det flyder ud på et glat gulv.

Der er ikke så meget bandagering, for forblødningerne er standset, og der er både vejrtrækning og puls, men et meget lavt blodtyk.

Det handler altså om en meget hurtig transport. Trods den hurtige indsats er skaderne på patienten så store, at den knivstukne fange afgår ved døden senere på aftenen.

Vi får som ambulancepersonale ikke tilbudt krisehjælp, men vi kan se i aviserne at alle implicerede ansatte i fængslet kommer til krisepsykolog.

18. Fangeoprør i Herstedvester fængsel.

En aften ved 20 tiden sendes vi til Herstedvester fængsel. Herstedvester fængsel er en sikringsanstalt, for indsatte der har begået hård kriminalitet. Det var derfra Peter Madsen (Raket Madsen) forsøgte at flygte.

Igen er et fængsel et ganske specielt sted at komme... Denne gang drejer det sig egentlig om et fangeoprør.

Der er køreveje inde på området, og denne gang har vi en fængselsbetjent med i ambulancen, for at guide os til skadestedet.

På vej til den tilskadekomne kan vi se og følge fangeoprøret. Fangerne hænger i gitrene der er foran vinduerne og, der er en ubehagelig larm og utryg stemning.

Fremme på skadestedet kan får vi overdraget en indsat, som tydelig er mærket efter sod og røgskader, som følge af at han har sat ild til en madras i sin celle.

Skumgummi danner ved afbrænding saltsyre, og det er derfor meget giftigt at indånde.

Er dosis stor nok medfører det lungeødem, som kan medføre døden.

19. Ansat med aorta aneurisme.

Turen går til adressen for en virksomhed i Albertslund.

Meldingen lyder på stærke mavesmerter.

Kørselsformen er med udrykning.

På adressen dirigeres vi hurtigt hen til patienten, som er en midaldrende mand, som klager over pludseligt opståede stærke mavesmerter.

Patienten er meget bleg, har hurtig og svag puls. Pulsen kan mærkes ved håndleddet, og derfor formodes der at være tilstrækkelig blodgennemstrømning, til de livsvigtige organer.

Når vi mærker på maven føles den en smule hård.

Vi mistænker en aorta aneurime, og får patienten op på vores båre, så nænsomt som det nu lod sig gøre.

Transporten indleder vi så hurtigt som muligt, og vi varsler Glostrup Skadestue om hvornår vi ankommer, og hvilken diagnose vi mistænker.

Mistanken viser sig at være helt rigtig, og vi får lov til at følge operation et stykke tid endnu. Det er spændende læring.

Efter en måned taler jeg med en sygeplejerske på Herlev Hospital.
Sygeplejersken kan fortælle at patienten er indlagt på deres dialyseafdeling, og at vores hurtige indsats formentlig har reddet mandens liv.

Vi får lov til at besøge manden på afdelingen hvor han er indlagt.

Det er en ægte solstråle historie, at opleve man virkelig har reddet liv.

20. Henter indebrændt kvinde i Albertslund.

Vi får melding om at køre til en adresse i Albertslund, hvor der er ildebrand.

Vi skal holde standby med ambulancen.

Pludselig er der melding om, at brandfolkene kommer ud med en indebrændt.

Den indebrændte er en midaldrende kvinde.

Kvinden har hjertestop.

Kvinden opfylder desværre ikke kriterierne for at undlade genoplivning, men set med vores professionelle briller, så er der ikke udsigt til at genoplivning vil være med succes.

Vi laver HLR og efter 5-10 minutter påbegynder vi transport til hospitalet i Glostrup.

Ved ankomst til Glostrup Hospital standses genoplivning på foranledning af læge.

21. Eftersøgning ved lejlighedsbrand jeg finder dukke i seng.

Falck i Taastrup havde forpligtigelsen med brandslukning i Taastup, Hedehusene, Fløng, Sengeløse, Ishøj og Vallensbæk.

Jeg havde ansvaret for at passe regnskabet for vores lille kiosk "Tutten", og derfor havde jeg ofte opgaven med at køre ildløs, sådan at jeg kunne passe regnskabet.

En dag jeg ordnede regnskab lød meldingen på ild i lejlighed.

Lejlighedskomplekset lå meget tæt på Falckstationen, så opgaven med at få røgdykkerudstyr osv. på, skulle gå meget stærkt.

Ved ankomst er min opgave et være forreste mand, altså den der eftersøger, og som har strålerøret som slukningsmidddel, som i det her tilfælde var et højtryksrør.

Vi har røgdykkerudstyret på, da vi trænger ind i lejligheden. Vi giver os til at udlufte og eftersøge lejligheden, for levende væsner.

På et tidspunkt er vi åbenbart kommet til børneværelset.

Jeg finder en seng, og da jeg marker efter, kan jeg mærke der er noget i sengen... Det er formet som en menneskekrop.

Det hele går meget hurtigt – og jeg konstaterer 1-2 sekunder efter, at der er tale om en dukke der har ligget i en dukkeseng...

Det kræver ikke meget fantasi, at forestille sig, hvor mange tanker der nåede at flyve igennem min hjerne... Men lettet det var jeg. Der var ikke mennesker hjemme i lejligheden.

Årsagen til ildebranden var enten en glemt gryde, eller en simpel kortslutningsskade.

22. Statoil i Ishøj hjemmepleje bil og hjemmeværnet.

Her er tale om en af de lidt mere nervepirrende oplevelser…

Falck havde til opgave at servicere bilerne, der i dagtimerne blev brugt af hjemmesygeplejerskerne.

Når sygeplejerskerne kl. 2200, var gået hjem efter vagt, kørte vi til Ishøj Bycenter, hvor bilerne stod i kælderen.

Det typiske var at omkring midnat, kørte en enkelt redder til Ishøj center og ordnede tankning, vask og små vedligeholdelsesopgaver af de 4 hjemmeplejebiler, som der var i Ishøj døgnpleje.

Denne nat havde jeg opgaven med hjemmeplejebilerne, og omkring kl. 0100 var jeg på Statoil tankstationen, for at fylde benzin den ene af de 4 hjemmepleje biler.

Da der var lidt asfalt stænk hen langs siden på bilen, valgte jeg at vaske det af med papir og en smule benzin.

Da jeg sidder og vasker asfalten af, glider en varevogn med pressing over ladet ind på tankstationen… den glider ind for slukket motor, og holder under en lygtepæl, jeg hører og bemærker ikke bilen. Før jeg hører 2 mænd tale.

Jeg kan se der stiger 2 mænd ud af hver deres side af bilen.

Jeg kan i lyset fra lygtepælen, se silhuetten at 2 mænd, samt at de har maskinpistoler i deres hænder.

De 2 mænd kommer hen mod mig, og jeg tænker hurtigt – vil de slå mig ihjel? Skal jeg løbe, eller skal jeg tale mig ud af det her. Afstanden er ca. 10-15 meter…

Jeg vælger at tale mig ud af situationen, for ville de skyde mig, så var jeg alt for tæt på…

De sagde – Hej du, har vel ikke set andre fra hjemmeværnet hernede?
For helvede svarede jeg, er I klar over hvor forskrækket jeg er blevet ...?

De undskyldte og kørte væk igen... og lettet det var jeg...

23. Rundvisning for cancerramte børn.

Da min tidligere kone læste til sygeplejerske, var hun i et praktikforløb ansat på afdelingen for cancerramte børn på Rigshospitalet.

Vi fik ideen at børnene som adspredelse, kunne komme på besøg på Falckstationen i Taastrup.

Det var en ganske særlig dag... Det var en fornøjelse at havde børnene på besøg, og at vise dem en anden side af sundhedsvæsnet.

De var hele stationen rundt, rundvisningen varede omkring 4 timer.

På et tidspunkt var vi så uheldige, at et af børnene blev stukket af en hveps – Jeg anede ikke mine levende råd... Børnene har jo nedsat immunforsvar...

Jeg kom på at jeg kunne tage sugeslangen fra vores sug, tænde for suget, og suge så meget af hvepsegiften ud, som det nu var muligt at suge ud.
Det virkede ... faktisk kunne man på indersiden af sugeslangen, se små væskeperler...

Jeg har senere set, at man i håndkøb, kan købe sugesprøjter netop til formålet at suge insektgift ud.

24. Ishøj sommerferieaktiviteter.

Tiderne var knappe for min kærest og jeg. Min kæreste studerede, og jeg havde en del fritid i overskud.
Jeg var i forvejen tilkaldevikar på folkeskolerne i Ishøj, og derigennem havde jeg læst om sommerferieaktiviteterne.
Jeg søgte adspredelse, og både løn og adspredelse kunne jeg få via Sommerferieaktiviteterne for skolebørnene i Ishøj.

Lederen Hans Christian og jeg kom på, at det kunne være spændende for børnene, at se Falck stationen i Taastrup.

Vi arrangerede et forløb på ca. 4-5 timer, hvor børnene, kom igennem mange forskellige teorier og praktik, som vi beskæftigede os med i jobbet som redder.

Der var mulighed for overfladisk læring, om f.eks. førstehjælp, brand, dyreredning.

Førstehjælp handlede om ganske små skader, som f.eks. mindre blødninger, forbrændinger, tilkalde hjælp, lægge i aflåst sideleje, se en demonstration af hjerte og lungeredning, forebygge ulykker i hjemmet,

Brand handlede om at passe på sig selv, brandtrekanten, hurtige indsats og forebyggende indsats.

I orienteringen af børnene dragede jeg paralleller imellem jobbet som redder og praktisk brug af matematik, regning, stavning, læsning og fremmede sprog.

Det var utrolig spændende og givende, at have de begejstrede unge mennesker på besøg. Det var mit indtryk, at der var lærdom til både dem og mig.

25. Falck Bornholm.

Sommeren 1996 kommer vores først fødte, Nadia til verden.

Som en kollega sagde til mig " Intet bliver som det var før "

Vores liv blev ændret, og vi overvejede mulighederne for at flytte væk fra den Københavnske Vestegn og storbyen... vi ville gerne ud på landet.

Den nærmeste familie gjorde os klart, at de ikke var interesserede i at hjælpe med at passe børn.

Vi skulle finde en bolig vi kunne betale for, så der var plads til vi til tider var på orlov.

Der blev en stilling som reder ledig på Bornholm, og vi valgte at tage springet.

Bornholm havde det vi søgte som var, landlige omgivelser, mindre kriminalitet, billigere huse, trygt miljø for børnene at vokse op i.

Lønnen var stort set den samme, og skulle beslutningen vise sig at være helt skæv, kunne vi bare flytte tilbage til Ishøj.

26. Valget til sikkerhedsrepræsentant, AMIR.

Der var utrolig mange ting og steder, hvor sikkerheden hos Falck på Bornholm var mangelfuld.
Nogle få nævnes nedenstående.

- Drikke og bade vandet i vandhanerne var rødt og ildelugtende.
- Ingen af de lovpligtige eftersyn blev foretaget.
- Vi kørte på forkerte dæk.
- Ventilationsanlæg virkede ikke.
- Udsugningsanlægget til udstødningsgasserne virkede ikke.
- Udsugningsslangerne til bilernes udstødning var der slet ikke.
- Dieselstøv og dieselos på hele stationen.
- At vi får engangs papirhåndklæder, i stedet for. hndklæder hvor vi delte bakterier med alle andre.
- Sæbedispensere i stedet for håndsæbe i fast form.

Den fungerende sikkerhedsmand valgte, at der skulle nye kræfter til, og han udskrev valg.

Jeg stillede som den eneste op, og arbejdet kunne begynde.

Jeg var meget frustreret over situationen, for de nævnte forhold var sundhedsskadelige. Dieselos er velkendt for at fremprovokere cancer.

Efter råd fra min fællessikkerhedsrepræsentant skrev jeg APV på de steder der var fejl og mangler.

Jeg skrev 54 APV skemaer på de fejl og mangler jeg umiddelbart kunne komme i tanke om, og kontaktede fagforeningen og arbejdstilsynet. De var lige så handlingslammede som ledelsen.

Det var nok en smule svært at håndtere så meget "støj og larm" fra en sikkerhedsrepræsentant.

27. Suspendering og skriftlig advarsel.

Jeg mødte på arbejde efter en kortere sygeperiode.

Jeg får at vide jeg skal i praktik på sygehuset fra morgenstunden.

Jeg ville rigtig gerne have vidst besked og være velforberedt til praktikken. Jeg spørger om det er muligt at få tid forberedelse.

Svaret var: "Ønsker du eller ønsker du ikke" at tage i praktik.

Ønsker er i min verden en bydeform, og jeg svarede, at det ønskede jeg ikke.

2 timer senere bliver jeg suspenderet for arbejdsvægring.

De næste 24 timer var meget lange.

Den næste formiddag kvitterede jeg for modtagelsen af en skriftlig advarsel for arbejdsværing.
Det gjorde jeg ene og alene for at fortsætte ansættelsen hos Falck på Bornholm.

Hvad skulle jeg gøre?, vi var lige flyttet til Bornholm som havde høj arbejdsløshed, og vi havde en datter på 1½ år, samt et nykøbt hus.

Jeg er ikke meget i tvivl om, at jeg bare var blevet afskediget.

Mange af de forhold jeg som tillidsvalgt sikkerhedsrepræsentant havde påpeget, var på både kort, og på lang sigt forbundet med livstruende sygdomme. Den værste var nok partikler fra diesel..., som man allerede den gang havde mistænkt for at give lungecancer.

28. Dreng på 15 år druknet ved Gudhjem.

Børn er altid noget der rammer ekstra hårdt. Døden giver aldrig mening, med mindre den er ventet.

I det her kapitel var det ekstra hårdt, for alle vidste at det unge menneske, havde været savnet i flere dage.

Der var tale om en lejrskole der var på besøg på Bornholm.

Det havde blæst en del, og drengen der var ude på en klippe ved vandet, havde fået benene fjernet under sig.
En høj bølge, og kraftige understrøm, blev hans endeligt. Han bliver ført ned, ud og væk i vandet...

Drengen findes efter nogle dage af dykkere, og der er ikke liv at redde.

Den stedlige læge havde erklæret drengen som afdød.

Vi afhenter drengen med rustvognen, som er rekvireret til opgaven.

Af tekniske årsager må afdøde transporteres i en rustvogn hvis en læge har erklæret for død, eller der er sikre dødstegn.

I det her tilfælde er afdøde dreng erklæret død af en læge, og derfor må transporten gerne foretages i rustvogn. Vi sætter ikke spørgsmål ved opgavens udførelse.
Ikke desto mindre bliver vi bebrejdet, at vi gjorde som vi gjorde, og den slags bebrejdelser sætter sine spor.

Henvisning til artikel og QR kode på næste side.

https://jyllands-posten.dk/indland/ECE3286010/11-%C3%A5rig-dreng-druknet-p%C3%A5-Bornholm/

QR kode til Jyllandspostens artikel:

29. Sprængblyant.

Under en uformel samtale på chefens kontor, ser jeg en tingest der ligner et sugerør ligge på hans skrivebord.

Jeg spørger – hvad er det for en tingest?

Han svarer det skal jeg vise dig, prøv at tænde den her lighter og hold flammen under...

Som sagt så gjort, og pludselig lyder der et smæld, som fra et mindre kanonslag. Detoneringen sker ca. 50 cm. Fra mit øre.

Det var så starten på min tinnitus, som jeg også har glæde af hver dag.

Det viste sig at anordningen skulle bruges i forbindelse med et automatisk slukningsaggregat til f.eks. motorrummet på biler.

Der ville være en slange fra en beholder med slukningsmiddel.
Beholderen skulle have tryk på.
Med "sprængrøret" som mellemstykke ville trykket aflastes og slukningsmidlet ville flyde ud, når sprængrøret blev udsat for varme.

Mægtig fin opfindelse, brugt på den rigtige måde.

30. Trafikulykke med ambulance og piskesmæld.

Vi er til hjertestop på den nordlige del af Bornholm, og efter at have arbejdet et stykke tid på stedet, følger vi vores forholdsordre, og påbegynder transporten til Bornholms Hospital.

Jeg er alene i bårerummet med patienten, for det var sådan man gjorde dengang, og jeg arbejder med hjerte og lungeredning under transporten…

Jeg er ved at ventilere patienten, da jeg hører chaufføren råbe " Nej for helvede" hvorefter ambulancen slingrer lidt, og endeligt bremser hårdt, for til sidste at standse brat.

Jeg sidder med ryggen til kørselsretningen, men får åbenbart alligevel et piskesmæld.

Efter endt afhøring hos politiet skal jeg tilbage på Falckstationen, og det er da jeg kommer ud af politistationen, og drejer hovedet for at orientere mig, at jeg mærker smerte fra nakken.

Det var starten på et piskesmæld, som jeg stadig har fornøjelsen af, i form af spændinger og hovedpine.

https://nyheder.tv2.dk/samfund/2025-02-10-sammenhaeng-mellem-kraftig-hovedpine-og-selvmord-viser-ny-dansk-forskning

31. Brændesgårdshaven - klorulykke med 20 tilskadekomne.

Det er en dejlig sommerdag på Bornholm. Solen skinner og herboende bornholmere, såvel som turister, nyder øen og det dejlige vejr.

En kollega der er lidt ældre i tjenesten, og jeg, bliver kaldt ud kørsel 1. til Brændesgårdshaven /Joboland.

Kollegaen er assistent og jeg er behandler, og ansvaret for skadestedet er derfor mit, lige til der ankommer nogen med højere kompetencer.

Meldingen er meget sparsom, og vi forsøger på hele turen derop, via radioen, at få mere information, om hvad og hvordan der er foregået hvad...

Det lykkes ikke for os at få brugbar information, men vi ved dog, at det muligvis drejer sig om noget med en klorulykke.

Ved ankomst til Brændegårdshaven bliver vi vist indkørsel bagom forlystelsesparken.
Oppe ved cafeteriaet er de tilskadekomne stående og liggende.
Foreløbig er der ca. 10 tilskadekomne, inden for en radius af 20-30 meter.

Forholdsvis hurtigt står det klart, at der er 2 af de tilskadekomne der er kritiske, og som bør transporteres hurtigt.

Den ene kritisk tilskadekomne er et barn.
Den anden kritisk tilskadekomne er en der er ansat i Brændesgårdshaven, og som med sin hurtige indsats, har begrænset ulykken.

Vi får adviseret Bornholms Hospital om, at der forventes at være omkring ca. 10 tilskadekomne. Senere skulle det vise sig at der kom flere til.

De 2 kritisk tilskadekomne patienter bliver forholdsvis hurtigt transporteret til Bornholms hospital.

Derefter kommer arbejdet med at få et overblik over, hvor mange tilskadekomne der yderligere er tale om.

Det er lidt kaotisk for der kommer hele tiden flere patienter til. Patienterne klager over hovedpine og problemer med vejrtrækningen.

På et tidspunkt er jeg (for at få et overblik) nødt til at bede patienterne sætte sig på plastikstolene fra cafeteriaet, stillet op på en række.
Siddende på række kan vi begynde at registrere samt måle vitalparametre, som iltmætning, puls og blodtryk.
Registreringen foretages ved hjælp af ambulancejournaler.

Starteafviklingen af de 2 første transporter var hurtigt og nem. Men derefter går der jo 30-45 minutter før der igen er en ambulance til rådighed for næste transport.

Afviklingen af skadestedet er i sagens natur langsom...
Til sidste beslutter jeg sammen med indsatslederen, at vi foretager transport til Bornholms Hospital, af de tilbageværende tilskadekomne i en bus.

Vel overstået bliver jeg bebrejdet at have brugt ambulancejournalerne til at registrere på.
Det er den eneste form for evaluering der er efter ulykken.

Igen en tåbelig måde at tilgå en evaluering på – egentlig skulle der helt klart have været en psykolog ind over evalueringen af alle implicerede parter.

Jeg havde meget adrenalin i blodet, og kroppen var i alarmberedskab i nogen tid efter.

Der gik over en uge inden jeg sov ordentlig om natten.

Jeg har ofte Flash Back til skadestedet, som det tog nogle timer at afvikle.

https://www.dr.dk/nyheder/indland/flere-forgiftet-af-klor-paa-bornholm

Link til DR nyhedsside.

32. Afhente mand efter mislykket selvmordsforsøg.

En almindelig eftermiddag bliver en kollega, og jeg kaldt til en adresse i Rønne.

Der er tale om et selvmordsforsøg.

Kørselsformen er kørsel 1, altså med udrykning.

Meldingen: Har skåret sig med kniv.

Ved ankomst medbringer vi som vanligt udstyr og tasker, og da der er tale om skåret med kniv, så tager vi bandagering med i løs form, så vi ikke skal spilde tid på at finde frem fra taskerne.

Der er ganske rigtigt, som meldingen lød på, tale om en borger, der har skåret sig i håndleddet med en kniv.

Vi får hurtigt bandageret, men det standser tilsyneladende ikke umiddelbart blødningen.
Vi vælger derfor at laven en trykbandage.
Det hjælper – blødningen standses.

Senere bebrejdes vi at der var lavet trykforbinding.

Endnu en bebrejdelse der frembringer frustration.

33. 15 årig dreng faldet ned i klippesprække.

Min vagt er i Olsker med vores akutbil, Olsker er lokationen og basen for vores akutbil.

Først på eftermiddagen lyder meldingen:
Fald fra klippe – mødested er Otto Bruunsplads, altså kunstmuseet i Rø. Der tages imod ved ankomst.

Jeg kører akutbilen, og er fremme inden for 6-8 minutter.

Der er rigelig med mennesker der kan hjælpe med at bære det tunge udstyr, og jeg vælger at tage akutudstyr med til patientenbehandlingen, og rapellingsudstyr så jeg har mulighed for at kravle ned til patienten.
Også selv om jeg ikke længere er uddannet i brug af rapellingsudstyret, så vælger jeg at vi medbringer dette for en sikkerheds skyld.

Fremme ved skadestedet er der en dreng på ca. 12 år, der ligger på en mindre afsats i en klippesprække.
Han er faldet ca. 10-15 meter ned, og formentlig har han ramt klipper osv. i faldet.

Jeg beslutter jeg skal ned til drengen der forståeligt klager over smerter.

Det her handler for mig mere om at redde liv, og om at hjælpe tilskadekomne, end det handler om jeg ikke har fået det påkrævede vedligeholdelseskursus til en uddannelse jeg allerede har.

Jeg ifører mig rappellingsudstyr, og kravler ned til drengen.

Efter et stykke tid ankommer mandskabet fra Beredskabscenter Bornholm og senere også en sygeplejerske fra Bornholms Hospital.

Sygeplejersken og jeg kommunikerer og jeg anlægger IV adgang, og giver drengen den dosis medicin, som sygeplejersken oven for klippeafsatsen, har trukket op for mig.

Jeg får drengen over i en vakuummadras, og med hjælp fra Beredskabscenteret får vi hejst drengen op og tilbage til stisystemet.

Drengen transporteres til Bornholms Hospital, hvorfra han senere flyves med helikopter til Rigshospitalet.

Efter endt opgave evaluerer vi, og endnu en gang får jeg skideballe.
Dels for at have brugt rapellingsudstyr, og dels for at have lagt Intravenøst kateter og givet morfin...

https://www.tv2fyn.dk/fyn/fynsk-dreng-faldt-fra-helligdomsklipperne

QR kode til nyheden på Tv2 Fyn.

34. Hjertestopbehandling med ECMO af Benedicht Kjærgaard.

Vi har besøg af Benedict Kjærgaard, der er på Bornholms Hospital, for at fremvise sit ECMO udstyr.
Udstyret er kort forklaret cirkulation og iltning/gasskifte uden for kroppen. En behandling, som giver en øget mulighed for at redde liv.

Jeg kører på dagen ambulance, og vi får en alarm til en adresse på det nordlige Bornholm.

På adressen, er en borger med hjertestop.
Hjertestoppet er bevidnet, og det udstyr som Benedict Kjærgaard er på øen for at fremvise, kan bruges og muligvis gøre en forskel.

Jeg fortæller vagten at Benedict Kjærgaard og udstyret kan gøre en forskel, og at det kan bruges her i denne situation, men det ønskes ikke.

Det jeg efterlyste var at man undersøgte mulighederne, og adspurgt ønskede beslutningstagerne ikke dette.

https://dsr.dk/fag-og-udvikling/sygeplejersken/fagbladet-sygeplejersken/sygeplejersken-2011-9/for-10-aar-siden-ville-alle-vaere-doede/

Link til artikel i sygeplejersken:

35. Drukneulykke ved Melsted.

Det er lørdag aften og min familie og jeg holder weekend på gården på Helligdomsvej.

Vi kan fra gården på Helligdomsvej, hvor jeg bor, se der er SAR helikopter i luften, og at der er udrykningskøretøjer omkring Gudhjem. Der er en del blinken blå, røde og orange lys dernede.

Jeg bliver som redningsdykker tilkaldt til evt. drukneulykke på Melsted havn.

I stedet for at køre til Rønne, aftaler jeg med vagten, at jeg møder dykkervogn og mandskab på Melsted havn.

Jeg er der selvfølgelig i rigtig god tid, og det er muligt at tage bestik af situationen.

Der er tale om en forsvunden lystfisker, og vi bliver enige om det ikke giver mening, at vi som dykkere eftersøger den druknede fritidsfisker, svømmende neddykket på hele kyststrækningen fra Gudhjem til Melsted, det vil være en temmelig uoverkommelig og meningsløs måde at eftersøge på.

https://fyens.dk/indland/68-aarig-er-doed-efter-ulykke-under-fisketur-ved-gudhjem

QR kode til artikel:

36. Bil kørt i Rønne havn.

Der har efter Regionen har hjemtaget ambulancekørslen, været en opdeling af vores arbejdsopgaver.

Ambulanceopgaverne er udliciteret til Falck, og Dykkeropgaverne som erhvervs og redningsdykker for Falck, har vi stadige, men nu skal det klares i vores fritid.

Jeg er uddannet erhvervs og redningsdykker, og ansat som dette på deltid og på tilkald.

Jeg er uddannet Niveau 2 redder, og ansat som dette på fuld tid.

Jeg havde tidligere bragt dilemmaet vedr. interessekonflikterne op. Jeg kunne forestille mig, at jeg en dag ville blive kaldt ud til en drukneulykke, imens jeg var på vagt som ambulancemandskab, og hvor der egentlig var brug for mig både som ambulancemandskab og som dykker.

Dilemmaet blev aktuelt i februar 2011.
Vi bliver kaldt som ambulance standby, til bil der er kørt i havnen.

Forespurgt dilemmaet bliver vi anvist, at vi med ambulancen skal køre til skadestedet på Rønne havn, og ikke skal medbringe bilen med dykkerudstyret.

Det er åbenlyst at vi ikke kan foretage os ret meget, før den eller de evt. druknede er bjærget i land. Men vi handler på given ordre, og kører mod skadestedet, stadig med dykkervognen holdende i garagen.

På skadestedet kan vi konstatere, hvor på kajen det er sandsynligt bilen er kørt i vandet.
Ved dykkerberedskabets ankomst kan vi anvise, hvor det er mest sandsynligt bilen er kørt i vandet, og hvor den sandsynligvis ligger.

Der er rigelig med mandskab, til at bemande de 2 ambulancer der nu er ankommet. Men det er åbnelyst at det der er brug for er yderligere dykkerassistance.

Jeg orienterer den skadestedansvarlige politibetjent om dilemmaet, og betjenten beslutter straks jeg skal iklæder mig dykkerudstyret, for at assisterer min kollega, der er i færd med at eftersøge havbunden, som er 8-10 meter under overfladen. Bilen skal findes og markeres.

Min kollega finder bilen først, og da han er i færd med at bjærge den ene druknede, anviser han mig stedet, hvor bilen ligger.

Jeg finder hurtigt bilen på omkring 6-8 meter vand.
Jeg markerer hurtigt bilens placering, med en til formålet medbragt bøje.
Jeg får den anden druknede ud af bilen, og svømmer til kajkanten med denne.

Mine kollegaer får de druknede op af vandet, og op på kajen, hvor de foretager den ambulancemæssige indsats.

Min kollega og jeg vender tilbage til bilen og vi konstaterer, at der ikke er flere personer i bilen.

Efterfølgende bliver jeg orienteret om at jeg under ingen omstændigheder må foretage mig den slags dispositioner en anden gang.

Jeg fortalte at det var politibetjentens vurdering, og at han alene handlede på det af mig oplyste grundlag.
Det handler vel om at redde liv... og ikke så meget om faggrænser, og hvem der betaler for hvilket beredskab...

https://nyheder.tv2.dk/krimi/2011-02-15-bil-med-to-personer-koert-i-havn

Bil kørt i Rønne havn 1.

https://nyheder.tv2.dk/krimi/2011-02-16-tvivl-om-hvorfor-aegtepar-koerte-i-havnen

Bil kørt i Rønne havn 2.

37. Øksemanden...

Det hænder fra tid til anden, at vi får en borger, som kalder mere på vores opmærksomhed end de øvrige borgere.

Det er tilfældet i det her kapitel.

På en adresse på Midtbornholm, kommer vi ofte, hvilket vil sige ofte mere en gang om ugen.

Der er tale om en psykisk syg borger.
Borgeren er ofte ved vores ankomst stærkt truende, og som oftest truer borgeren med våben f.eks. en økse.

Jeg er stadig sikkerhedsrepræsentant, og trods jeg har sommerferie, og trods jeg er med familien på tur i forlystelsen Brændesgrdshaven, så vælger jeg at tage mig af den aktuelle sag.
Der er ikke nogen der skal udsættes for trusler på liv, ære eller velfærd, det er jo mit hverv, som sikkerhedsrepræsentant at tilse det ikke sker.

Ved kontakt til den stedlige ledelse møder jeg ikke meget forståelse, faktisk er svaret det er vores arbejde at udføre de opgaver vi bliver anvist.
Jeg bliver nervøs hver gang vi nærmer os noget der ligner eller kan tolkes som arbejdsværing, for det vil jo minde om den sag, hvor jeg var suspenderet.

Det jeg kalder på er vi ikke bør udføre opgaver, der ikke er sikkerhedsmæssig forsvarlige, uden vi samtidig er under politiets beskyttelse.

Jeg brugte 4 timer af familiens tid i Brændesgårdshaven, 4 timer af min ferietid, før der opnås enighed om, at vi ikke skal køre frem til adressen uden der er politibeskyttelse.

Jeg må sige det er dejligt at tingene udvikler sig, for den slags var aldrig sket i dag. Der er i dag altid politibeskyttelse.

38. Psykisk syg mand i bårerummet

Det er lørdag morgen, og klokken er omkring 7 da vi får meldingen.

Kørsel B til en adresse Midt på Bornholm.

Meldingen om patientens tilstand er lidt diffus, og der kan være lidt af hvert galt på adressen.

Ved ankomst til adressen kan vi konstatere, at det mest fremtrædende problem er, at det handler om en patient, der har det psykisk dårligt.

Patienten er rodende, forvirret og en smule udadreagerende.

Patienten har allerede pakket lidt fornødenheder, og vi hjælper med at få det sidste pakket ned.

Patienten ønsker selv at gå ned ad trappen til 1 sal.

I ambulancen ønsker patienten at sidde op og ikke ligge på vores båre.

Patienten sidder i den ene af de 2 stole der er i bårerummet, og transporten påbegyndes.

Patienten rækker ned i den ene af de 2 poser som der er medbragt fra adressen, og på op tages en papkarton med en rest af hvidvin.
Inden jeg kan nå at reagere, sætter patienten papkartonen for munden, og hælder det der nu måtte være tilbage i kartonen ned i halsen, og slutter af med en større bøvs.

Jeg siger: Ej det er sgu ikke ok, men for ikke at eskalere situationen lader jeg den ligge der...

Der er opstået en eller anden form for sympati imellem patienten og jeg. Det virker som om han godt kan se det var ikke ok.

Endnu en gang rækker patienten hurtigt hånden ned i den ene pose, og op kommer der en tilsyneladende helt ny og tyk bog.
Patienten rækker den over mod mig og siger: Den er til dig...
Jeg svarer: Nej tak, jeg læser ikke så mange bøger for tiden...

Patienten virker på mig som en "tikkende bombe".

Vel ankommet til skadestuen, får vi anvist en stue...

Vi ønsker patienten god bedring, og på vej tilbage til ambulancen, tager jeg kontakt til en sygeplejerske, for at fortælle, at patienten virker ustabil, og jeg tænker de kan forvente sig lidt af hvert...

Ganske rigtig – om eftermiddagen får vi at vide, patienten raserede skadestuen kort tid efter vi var kørt.

At tale med patienter der er psykisk ustabile, virker voldelige eller på anden måde er utilregnelige, er opgaver jeg finder udfordrende og inspirerende.

Når det lykkes at bringe ro over en helt eller delvist eskaleret situation, der ellers havde betydet patienten reagerede på os eller på andre med vold... Så er det oplevelser jeg kan være høj af i flere dage... man kan tolke det som en nedeskalering.

39. "Fentanylbussen" kører....

Ambulancerne er bemandet med mandskab der har kompetencer til at give patienterne Fentanyl.

Fentanyl er et opioid, men er 100 gange stærkere end Morfin.

Adspurgt vil en patient med smerter sige det er stærke smerter, måske endda meget stærke smerter.

Bedes samme patient sammenligne smerterne med tandsmerter eller ørepine eller fødselssmerter, så er smerterne oftest ikke længere helt så stærke.

Pointen er at jeg tænker der er en del patienter, der får og har fået Fentanyl, hvor det i realiteten ikke er nødvendigt.

Udover vi har brugt unødig tid på skadestederne, så er der givet unødig medicin.

Udover Fentanyl er smertenedsættende, så er Fentanyl ekstremt vanedannende.

I dag er der i ambulancerne, mulighed for andre smertestillende præparater, men i en del år var Fentanyl eneste alternativ.

41. I 2023 får vi nye ambulancer og nyt udstyr.

Ambulancen er en ok bil som arbejdsplads for chaufføren.

Autopilot og mange andre features der gør bilen behagelig at fremføre.
Dog skal det nævnes at der foran frontruden er en del instrumenter og skærme med tvivlsom placering, og med skarpe kanter, som man af sikkerhedsmæssige hensyn, generelt gerne undgår under konstruktion af biler.

Ligeledes er udsynet til bagkamera spærret af en disponeringsskærm.

Opbygningen af bårerummet, valg af udstyr samt placering af udstyr, er for det mestes vedkommende en katastrofe.

Jeg tvivler stærkt på at plastikstropper, der skal holde tunge tasker, vil holde til en crash test.

Båren, bårelejet, udstyr, placering og udformning har et leverandør og materialevalg der gør arbejdet i bårerummet meget besværligt. Ved brug af udstyr udsættes vi for tunge løft i dårlige arbejdsstillinger.

Der er lyspunkter i forhold til udstyret i de nye ambulancer. F.eks. at der er varme i madrassen på båren, samt at der f.eks. hvidt lys der hjælper med adgangsvej i mørket, og blåt blinkende lys der kan anvendes som advarselslys på skadesteder.

Ærgerligt at valg af opbygning til nye ambulance skulle være et så stort tilbageskridt…

Flere af vores nabolande opbygger ambulancer af meget høj kvalitet.
Hvorfor valget af opbygning er faldet ud som det gjorde, er lidt uforklarligt.

42. I 2024 får jeg arbejdsskade med venstre skulder.

Det er en meget tidlig morgen, og vi er sendt til en adresse, hvor patienten er i eget hus.

Vi undersøger patienten og behandler med vores medbragte udstyr.

Efter endt behandling skal patienten transporteres til båren og herefter til ambulancen.

Jeg skulle have en skuldertaske på ryggen, sådan at vi kunne transportere både udstyr, patient og båre.

Jeg mærker en voldsom smerte, da jeg tager tasken på venstre skulder.

Smerterne aftager ikke og jeg må efterfølgende sygemeldes.

Røntgen og scanning viser en overrevet sene i skulderen.

Senere godkendes skaden som en arbejdsskade, og tillige som en skade, der har medført 50 pct. tab af arbejdsevne.

Personligt ville jeg hellere have haft en skulder med fuld funktion og uden smerter.

43. I 2024 får jeg arbejdsskade i lænden.

Vi kører til en adresse, hvor meldingen er OBS apopleksi.

Patienten udviser ganske rigtigt tegn på apopleksi.

Efter vi har hurtigt har målt patientens blodsukker, som er inden for normalværdierne, kan transporten til Bornholmshospitalet påbegyndes. Yderligere behandling kræver en scanning.

Der er tale om en bevidstløs patient, der er forholdsvis høj med en vægt på omkring 100 kg., og huset er forholdsvis i stueplan, dog skal 3-4-5 trin forceres.

Båren løftes og skubbes op og ind i huset, og hen til sengen hvor patienten ligger.
Patienten kan herefter, med forskellige hjælpemidler, nemt trækkes over på båren.

Udfordringen består nu i at båren skal tilbage til trappen til gadeplan, hvor båren igen skal løftes fra stueplan i huset og ned til gadeplan.

Under dette løft får jeg et knæk i lænden.

Dette giver mig en iskias skade, og dem der har haft sådan en, ved at det kan være relativt invaliderende på både kort og lang sigt.

Jeg blev sygemeldt med endnu en arbejdsskade. Men heldigvis kunne jeg træne mig ud af problemet, og efter ca. 14 dage var jeg igen "fit for fight", og kunne genoptage arbejdet.

44. Arbejdsskade i højre skulder.

Det er weekend, og vi bemander ambulancen med 3 ansatte. Vi har en redderelev, der er under uddannelse, med på dagens kørsler med ambulancen.

Vi bliver kaldt ud til en adresse, hvor en ældre borger er faldet, og har slået sit ben, og muligvis sin hofte.

Adressen er en lejlighed i stueetagen, hvortil der er adgang med rullende båre.

Vi bliver enige om, at båren bør komme så tæt på tilskadekomne som muligt, hvilket vil sige helt ind i lejligheden.

Båren er som tidligere nævnt noget besværlig og tung at manøvrere med, f.eks. er hjulene besværlige at tvangslåse og tvangsåbne.

Under manøvren får jeg vredet min højre skulder, den ligesom går en smule af led, for hurtigt at hoppe på plads igen.

Episoden giver mig yderligere sygedage, som igen truer mit ansættelsesforhold, fordi der i forvejen ligger en skriftlig advarsel i forhold til antallet af sygedage.

45. 2024 endnu en skriftlig advarsel.

Efter en uddannelsesdag med hjerte lungeredning modtager jeg endnu en skriftlig advarsel.

Der er ikke den store læring i at modtage endnu en skriftlig advarsel.

Sagen er den at vi øvede hjertemassage af mange omgange, i alt vel 2-3 timer. Jeg stod det meste af tiden for massagen, for der var en kollega på skånetjans pga. dårlig skulder med på holdet.

Mine skuldre belastes efter de 2-3 timer tid med hjertemassage, og jeg mærker stærke smerter og løshed i skuldrene.

Jeg var nervøs for yderligere skade på skuldrene, og jeg har derfor svært ved at koncentrere mig og følge rytmen.

Jeg bliver tildelt en dag for kontrol af min faglige kunnen, sammen med en for mig ubekendt ambulanceinstruktør.

Jeg beder om læring, og kalder på læring, jeg er glad for at lære...

Jeg beder om læring sammen med vores lokale ambulanceinstruktør, dette kan ikke imødekommes.

Der arrangeres i stedet en fremmed ambulanceinstruktør til at tage den kedelige tørn om mig.

Og så opstår der et miljø, som er ganske velkendt for mig, og som er afprøvet af mange ambulancereddere tidligere.
Der vil være et læringsmiljø som ender med at farvel og tak for denne gang. Altså en slags Guillotine undervisning som jeg ikke har lyst til at deltage i.

46. Har jeg PTSD?

Jeg føler mig tydeligt ramt af både fysiske og psykiske sygdomme samt PTSD eller anden form for diagnose.

Jeg har meget svært ved at tilegne mig læring, og ny viden på det faglige område.

Mange af de andre gener som der også er i PTSD diagnosen har jeg også.

Hvis der på nogen mulig måde er tale om PTSD og/eller udbrændthed, så er jeg vist et skoleeksempel.

Jeg har i samråd med min læge valgt at blive udredt for PTSD.
Jeg har også været til de første samtaler på Arbejdsmedicinsk klinik, som har sendt mig videre i den del af sundhedssystemet der diagnostiserer og behandler PTSD.

En politibetjents der har 27 års tjeneste bag sig er blevet interviewet af DR.

Det var interessant, at høre hans oplevelser og illustration af, hvad 27 år havde gjort ved ham, og hvordan det blev håndteret hos politiet.

QR kode til interviewet "Hverdagens helt er såret":

47. En lille anekdote:

Som ansat hos Falck skulle vi deltage i et kursus om redningspsykologi.

Psykologen der underviste os reddere i redningspsykologi var jeg advaret om.

Jeg var advaret om at han ledte efter en blandt eleverne, som han kunne gøre til grin eller udstille.

Jeg er ikke i tvivl om der i øvelsen med at udstille og gøre til grin skulle være læring.

Men jeg havde besluttet mig for, at jeg ikke ville deltage, hvis det blev tilfældet på vores kursus, at seancen fra tidligere kurser skulle gentage sig på vores kursus.

Da underviseren havde fundet ofret iblandt os, og det ikke var mig, så valgte jeg at rejse mig og fortælle, at standsede han det ikke med det samme, så ville jeg forlade undervisningen.

Det hjalp: Underviserens stoppede prompte med at udstille den af eleverne, der var det udvalgte offer.

Læringen er at det nytter at sige fra... både i nu'et, og sikkert også senere. Og så er det jo dejligt at kunne se sig selv i spejlet med oprejst pande.

48. Er det nødvendig med Management by Fear...?

Det mener jeg ikke det er. Det svarer til at man prygler hunden, i stedet for at den belønnes til læring.

At tilrettevise og lære hunden det man gerne vil have den til at gøre, giver det bedste resultat.

Det kræver menneskelig indsigt og forståelse, at lede og fordele arbejdet blandt ansatte, for på den måde få det bedste ud af mulighederne.

Det vil sikkert være en konstant diskussion, om man får mest ud af at prygle, eller mest ud af at lære via belønning og forståelse.

Jeg spørger mig selv - Er der noget i det her læringsmiljø der ikke er fulgt med tiden...?

Det er snart 20 år siden psykolog, Pernille Andrés Blidsøe lavede 2 psykolograpporter om reddernes arbejdsmiljø.

https://www.psykologpernille.dk/wp-content/uploads/2016/03/reddernes-oplevelser-i-ambulancetjenesten.pdf

QR kode til en Pixiudgave lavet af psykolog Pernille Andrés Blidsøe omhandlende vores arbejdsmiljø.

QR kode til den fulde version af psykolograpport vedr. reddernes arbejde.

https://www.psykologpernille.dk/wp-content/uploads/2019/03/Reddernes-oplevelser-og-ha%CC%8Andtering-af-psykiske-pa%CC%8Avirkninger-i-Ambulancetjenesten.pdf

Enkeltstående er der flere af oplevelserne igennem mine 36 års ansættelse hos Falck der sagtens alene kan udløse en PTSD…

Oplevelserne er slemme med det er håndteringen af dem der er hårdest. Der bliver simpelthen ikke taget hensyn til, at det er naturligt at reagere.

Det truende og undertrykkende arbejdsmiljø med advarsler som ledelsesværktøj, har virket forstærkende på min PTSD eller udbrændthed.

Jeg er til tider total lukket ned.

Jeg sover elendigt… sover sjældent mere end 3-4 timer af gangen, hvorefter jeg vågner, og ofte er badet i sved.

Jeg husker dårligt, og særligt fagligt stof der skal indlæres, er det nærmest umuligt at læse, forstå og huske.

Jeg har konstante FlashBack og tidsforskydninger.

Jeg har et meget påvirkeligt blodtryk, der stiger når jeg mine tanker nærmer sig Falck, enten fysisk eller psykisk.

Jeg bliver til tider rigtig trist, og al energi forlader mig.

Det eneste jeg ikke har en tendens til er, at være opfarende eller blive aggressiv, her er det nærmest omvendt
Jeg har i dag et større tålmodighed end nogensinde.

Jeg debuterede som vinterbader i 2023.
Jeg holder på, at de 400,- kr. som et årsmedlemskab af Sandvig Vinterbadeklub koster, er de bedste 400,- kr. jeg har nogensinde har givet ud.

QR kode til Sandvig sauna og vinterbadeklub:

https://sandvig-sauna-og-vinterbadeforening.dk/

Skal jeg komme med læring, til alt det jeg har beskrevet og oplevet, så må det være, at jobbet som redder kræver professionel hjælp til udefra.

Det arbejdsmiljø som redningspersonel er i, kan ikke håndteres af ledere, der er afhængige af, at drifte og drive en organisation eller virksomhed.

Det kræver professionel hjælp udefra, i form af psykiatere, psykologer, psykoterapeuter o.l..

Samtaler bør foregå med jævne mellemrum.

Om jævne mellemrum er hver 3-6-9-12 mdr., det vil jeg overlade til fagkundskaben.